EVA LOVREK

LICHT-ZEICHEN

Spirituelle Texte

APV

Erste Auflage 1995

ISBN 3-901087 43 5

Satz und Druck: Kure & Co., A-1060 Wien

EVA LOVREK

LICHT-ZEICHEN

Spirituelle Texte

ANNA PICHLER VERLAG GMBH, A-1060 WIEN

Wir alle
sind eingebettet in ein großes Wunder.

Wir
sind in ihm geborgen!

Vom Licht der Welt zur Welt des Lichts

Meine bewußt bildhaften Texte sollen Deinen Verstand *und* Dein Herz ansprechen und Dir helfen, einen Schritt auf dem schwierigen Weg zur spirituellen Reife zu gehen. Die Texte beschreiben Gefühle und Gedanken, denen ich auf meinem eigenen Weg begegnet bin, und die auch Dir helfen können, noch wacher, noch einfühlsamer, noch bewußter zu leben.

Wir erleben die wunderbare Vielfalt dieser Welt, um sie zu erfahren, sie zu erfühlen mit all unseren Sinnen und diese Eindrücke denkend zu verarbeiten. Vom Licht der Welt in die Welt des Lichts – dahin führt uns unser Weg – nur: wie sehr uns das Erfahren der Welt bereichert und wie weit wir uns spirituell entwickeln, das liegt nur an uns, an unserem Bemühen, an unserer eigenen Entfaltung zu arbeiten.

Die materielle Weltsicht sieht die Formen, die entstehen, sich verändern und vergehen. Die spirituelle Weltsicht geht über die Grenzen der Formen hinaus, sie versucht, die Idee hinter allen Formen zu erkennen, sie versucht ihr Wesen zu sehen. Und das ist, wie es uns die Sprache deutlich macht, das wirklich Wesentliche.

Da horcht, schaut, fühlt der spirituelle Mensch hinein, und er wird irgendwann deutlich spüren, daß das Wesentliche aller Erscheinungen, das Dahinterstehende, nicht sichtbarer, aber durch alles leuchtender Geist ist.

Dann werden wir alle mit Gefühl *und* Verstand erkennen, daß wir in einem Kosmos zur Form gewordener Gedanken leben.

Auch Du und ich sind vorübergehend von dichter Form umgebener Geist. Wir sind hier, um zu verstehen, daß hinter aller Vielfalt eine schöpferische Einheit des Geistes existiert, die auch in uns ist, alles belebt und zutiefst verbindet.

So wollen wir ein Stück Weges gemeinsam gehen, der vom Erfahren der Welt der Formen mit all Deinen offenen Sinnen hinführen wird zur ebenso wirklichen Welt des Über-Sinnlichen; denn für den sich seiner schöpferischen Kraft bewußt werdenden Geist gibt es keine Grenzen!

Wir sind geborgen!

Die Erde
zeigt uns durch ihre vollkommene
Form,
daß Grenzen
nur in unseren Köpfen
und in unseren Herzen sind.

Sonst nirgends.

Am Anfang

Vor dem ersten Wort
war das Schweigen.
Gedankenvolles Schweigen,
in dem alles enthalten war.
Die gesamte Schöpfung,
alle Geschöpfe.
Mit dem ersten Wort
brach Gott sein Schweigen
und seine Worte
begannen zu leben.

An die Schöpfung

Von Deinen Armen umfangen,
geborgen wie ein Kind,
schweige ich mit den Wäldern,
weine mit dem Regen,
und atme mit dem Wind.

Von Deinem Armen umfangen,
vertrauend wie ein Kind,
spiele ich mit den Wellen,
tanze mit den Wolken
und atme mit dem Wind.

Werde selber Baum und Regen und Wind.
Werde Welle und Wolke.
Bin Dein Kind.

Atem Gottes

Gottes Atem ist der Wind.
Alle Wasser sind sein Blut.
Gottes Atem ist der Wind,
sein Herzschlag ist Ebbe und Flut.

In seiner Schöpfung
spiegelt sich sein Bild:
seine Kraft,
seine Weisheit,
seine Liebe,
sein Mut!

Gottes Atem ist der Wind,
sein Herzschlag ist Ebbe und Flut.

In seiner Schöpfung
bist Du ein willkommenes Kind.

Und wie es auch ist, es ist gut.

Schweigen

Schweigend
durch den Wald gehen
als wäre er eine Kathedrale,
und die Heiligkeit der Schöpfung erfahren.

Schweigend
durch den Wald gehen
als wäre er ein Ort der Weisheit,
und der Botschaft der rauschenden Blätter
lauschen.

Schweigend
durch den Wald gehen
als wäre jeder Baum mit Dir zutiefst verbunden,
und
rauhe, rissige, glatte, helle, dunkle Stämme
umarmen
als wären sie Freunde.

Naturerleben

Gehe ich durch den Wald,
werde ich ein Baum,
und der Wind spielt mit meinen Haaren.

Und sie rauschen wie Zweige
ein uraltes Lied.

Blicke ich zum Himmel,
werde ich eine Wolke,
und Regen rinnt aus meinen Augen.

Und schwere Tropfen fallen befreit
auf die fruchtbare Erde.

Höre ich das Kreischen einer Möwe,
werde ich ein Vogel,
und die Sonne scheint auf meine Haut.

Und läßt sie silbern glänzen
wie ein Federkleid.

Staunen

Die Schönheit der Erde
läßt mich staunen
und andächtig werden.

Der Anblick der Sternennacht
läßt mich schweigen
und ehrfürchtig werden.

Das Geschenk meiner Sinne
läßt mich danken
und demütig werden.

Der Gedanke an die Unendlichkeit
läßt mich sehnsüchtig werden
und Fragen stellen
und nach Antworten suchen
solange ich lebe –
und darüber hinaus.

Wir sind frei!

Freiheit
ist
ein Lebensgefühl,
ein innerer Zustand,
kein äußerer Wert!

Die Freiheit, die wir suchen,
wächst dort, wo die Grenzen des engen,
persönlichen Denkens überschritten werden.
Mit jeder Grenzüberschreitung
wächst Deine Kraft, Deine Freiheit und
schwindet Deine Angst und Dein Leiden.

Wir *sind* frei!

Bewußtes Sein

Alle Schritte
die Du machst,
sie können einfach Schritte sein,
oder
jeder Schritt wird zum Gebet,
jede Handlung zum Sakrament.

Entfaltung

Leben
heißt WERDEN,
weiter werden,
tiefer werden,
frei werden.
Leben
heißt bewußt werden.

Leben
heißt WACHSEN,
mir selbst entgegenwachsen,
über mich hinauswachsen
und auch
über dich hinauswachsen.
Leben
heißt erwachsen werden.

Auf der Spur

In allem Vergänglichen
wohnt etwas Bleibendes,
        unfaßbar,
        unnennbar,
        unsichtbar.
Das Wesen alles Sichtbaren,
es ist ewig,
        unfaßbar,
        unsichtbar,
        unbeweisbar
und doch unübersehbar!

Wahrheit macht frei

Das Wahre
meint
das Wesentliche.
Die Wahrheit
entblößt,
enthüllt
das tief Versteckte.
Wahrheit macht frei,
sie dringt zum Wesen vor
und
befreit es
von allen Verkleidungen.

Frei

Nichts
geht verloren
vom Wesentlichen.

Immer wieder vergehen,
immer wieder neu entstehen.

Nichts
geht verloren
vom Wesentlichen.

Der Gefangenschaft des Kreises
kann nur die Spirale entgehen.

So müssen wir die alten Wege
auf immer neuen Ebenen gehen!

Maja

Das,
was Du siehst,
bin ich nicht.
Es ist nur mein Bild.
Und so ist
die Welt voller Bilder,
die verbergen,
was sie wirklich sind.
Und so ist
das Wahre
das, was Du *nicht* sehen kannst.

Nur in Dir

Nur in Dir
kann der Friede,
den Du haben willst, beginnen,
in Deinem Bewußtsein.

Nur in dir
hat die Weite,
nach der Du Dich sehnst, Platz,
in Deinem Herzen.

Nur in Dir
kann die Freiheit,
die Du überall suchst, wachsen,
in Deinen Gedanken.

Nur in Dir
kann die Sehnsucht,
die Dich unruhig macht, ruhen,
in Deiner Mitte.

Über die Grenzen

Wir sind frei
und könnten
einander begegnen,
    ohne Urteil,
    vorurteilslos.

Einander vertrauen,
    ohne Furcht,
    furchtlos.

Einander verstehen,
    ohne Worte,
    wortlos.

Einander achten,
    ohne Zwang,
    zwanglos.

Einander verbunden sein,
    ohne Grenzen,
    grenzenlos.

Kinderfreiheit

Als Kind
war jeder Morgen
noch voller Wunder,
so wundervoll.

War jeder Abend
noch voller Zauber,
so zaubervoll.

War jedes Gefühl
noch voller Kraft,
so kraftvoll.

Als Kind
war jeder Augenblick
noch voller Freiheit und Licht!

So hell schien die Sonne nie mehr
wie damals,
als Kind.

Chakren

Tiefrote Leidenschaften,
wurzelnd in fruchtbarer Erde.

Orangefarbene Gefühle,
fließend, wie glühende Lava.

Goldgelbe Gedanken,
wogend, wie reifender Weizen.

Rosarotes Empfinden,
pulsierend, wie ein fühlendes Herz.

Himmelblaues Erkennen,
verbindend mit allem, was lebt.

Tiefblaue Weisheit,
aufsteigend aus uralten Tiefen des Seins.

Kristallfarbene Erleuchtung,
durchdringend alle Masken des Scheins!

Freiheit

Liebe braucht Freiheit.
Wo Angst ist und Enge,
flieht die Liebe.

Wo Macht ist und Strenge,
flieht die Liebe.

Wo Pflicht ist und Anpassung,
flieht die Liebe.

Wo kein Lachen und kein Weinen,
flieht die Liebe.

Sie verflüchtigt sich.
Und löst sich von allem,
was beengend und starr,
was beharrend und fordernd ist
und sucht das Weite.

Wir sind eins mit den Elementen

Öffne Dich,
denn nur dem, der offen ist,
wird etwas offenbart –
erfahre die Weisheit und Kraft
der Elemente mit allen Deinen Sinnen!

Wir sind eins mit ihnen!

Reise

Öffne das Tor
zu Deinen tiefsten Gedanken.

Sie strömen heraus,
tragen Dich fort
in unentdeckte Fernen,
in unerforschte Welten.

Öffne das Tor
zu Deinen geheimsten Gefühlen.

Sie fließen aus Dir,
tragen Dich hin
in Deine noch nie geahnten Tiefen,
in Deine noch nie gefühlten Weiten.

Gedanken und Gefühle,
die *Dich* verändern
und damit die Welt.

Musik der Elemente

Wellen,
wässrig fließende Klänge,
rauschender Eigensinn des Wassers.

Wind,
luftig schwebende Höhen,
veränderliche Launen der Luft.

Flammen,
feurig glühende Akkorde,
prasselnde Sprache des Feuers.

Landschaften,
erdhaft sinnliche Bässe,
kraftvolle Selbstdarstellung der Erde.

Jeder Ton trägt den anderen
in schöpferischer Harmonie.
Es ist die vollkommene Symphonie.

Heilende Engel

Feurig flammende
erglühende Wesen,
funkensprühende, leuchtende Engel des Feuers,
ihr wärmt und heilt.

Blaugrün wässrige
fließende Gestalten,
wogende, rauschende Engel des Wassers,
ihr reinigt und heilt.

Wolkenweiß luftige
schwebende Geister,
wehende, launische Engel der Luft,
ihr öffnet und heilt.

Lehmbraun sinnliche
mächtige Kräfte,
schöne, fruchtbare Engel der Erde,
ihr gebt Kraft und macht heil.

Devas

Mittsommernachtstraum,
es wispert
und raunt.

Die Nacht erwacht,
es atmet
und lebt.

Mittsommernachtstraum,
es kichert
und staunt.

Uralter Zauberbaum,
es rauscht
und bebt.

Junger Morgenwind
verweht unbedacht
die Geheimnisse der träumenden Nacht.

Für Margot Ruis

Reiki

Diese Kraft aller Elemente,
die Samen keimen,
Pflanzen wachsen,
Vögel fliegen,
die Erde sich drehen läßt.
Diese unsichtbare Kraft,
sie ist auch in Dir.

Diese Kraft aller Elemente,
die Wasser fließen,
Wind wehen,
Feuer aufflammen,
die Erde sich drehen läßt.
Diese unsichtbare Kraft,
sie ist auch in Dir.

Du brauchst Dich ihr nur zu öffnen,
und sie wird fließen,
auch in Dir.

Für Neelam

Elementenliebe

Lieben
wie der Wind,
der mich zärtlich berührt,
der mich umgibt, ohne mich zu halten.

Lieben
wie die Sonne,
die mir ihre Wärme schenkt,
die mir leuchtet, ohne mich zu beurteilen.

Lieben
wie der Regen,
der mich belebt und erfrischt,
der mir sein lebensspendendes Wasser schenkt,
ohne etwas von mir zu verlangen.

Lieben
wie die Erde,
die mir ihre Früchte gibt,
und die mich festhält,
was immer ich ihr auch antue.

Erfahrungen

Die Welt strömt in mich ein,
ich fließe mit ihr mit.
Wellenberge,
Wellentäler,
schnelle Strömung,
träge Ruhe,
ich fließe mit ihr mit.

Die Welt stürmt auf mich ein,
ich atme sie zurück,
laue Brisen,
wilde Stürme,
zartes Streicheln,
gewaltiges Tosen,
ich atme sie zurück.

Horchen,
das Tor zur Seele

Horchen
auf die Musik der Elemente.

Auf das Rauschen des Meeres,
das Dröhnen des Windes,
das Knistern des Feuers,
das Krachen berstenden Eises.

Horchen
auf das Lachen eines Kindes.

Auf das Summen der Bienen,
das Zirpen der Grillen,
das Singen der Vögel,
das Gurren verliebter Tauben.

Horchen
auf den Rhythmus des Lebens.

Wir sind, um lieben zu lernen

Liebe
ist ein himmlisches Geheimnis,
von dem viele Menschen
nur den irdischen Teil erfahren.

Doch ein
schwacher, himmlischer Strahl genügt,
um uns mehr zu wünschen
und wach
und sehnsüchtig zu bleiben,
unser Leben lang.

Wir sind, um lieben zu lernen!

Der Schrei

Ein alles durchdringender Schrei
gellt in meinen Ohren.
Es ist der Schrei alles Lebendigen.
Es ist der Schrei nach Liebe!

Wo ich auch bin,
ich entkomme ihm nicht.

Er ist überall in der Schöpfung.

Ein wilder,
verzweifelter,
fordernder,
gewaltiger,
sehnsüchtiger Schrei!

Es ist der Schrei alles Lebendigen.
Es ist der Schrei nach Liebe!

Sünden

Es gibt nur die eine:
nicht oder
nicht genug zu lieben.
Sich selbst,
alle Geschöpfe,
die Schöpfung.

Es gibt nur die eine:
dunkel zu sein
und es zu bleiben,
ein Leben lang.

Es gibt nur die eine.
Und sie
bestraft Dich
in jedem Augenblick
Deines Lebens.

Unerfüllt

Unerfüllte Liebe,
voll erträumter Harmonie,
voll ersehnter Vollkommenheit.

Unerfüllte Liebe,
in ihr liegen alle Möglichkeiten,
unausgeschöpft und unerschöpflich.

Und doch –
in Deinem tiefsten Inneren weißt Du,
daß es nie so gewesen wäre.

So wunderbar
wie in Deinen Träumen.
Nie.

Wunsch

Liebe
soll mein erster Gedanke sein
am Morgen,
damit der Tag von ihr erfüllt wird.

Liebe
soll mein letzter Gedanke sein
am Abend,
damit meine Träume mich nicht von ihr trennen.

Und nur die Liebe
will ich mitnehmen
am Abend meines Lebens
in eine andere Welt
mit meinem letzten Atemzug.

Relationen

Sterne werden leuchten,
auch wenn ich nicht mehr sehen kann.

Meere werden rauschen,
auch wenn ich nicht mehr hören kann.

Linden werden duften,
auch wenn ich nicht mehr riechen kann.

Die Erde wird sich weiter drehen,
        unbeeindruckt,
        unbeirrt,
ob ich auf ihr lebe oder nicht.

Und Herzen werden füreinander schlagen,
auch wenn meines nicht mehr schlägt.

Delphinliebe II

Deine Mondsilberhaut berühren.
So zärtlich
mich an Dich verlieren,
bis ich Du bin.

In Deiner Nähe eintauchen.
So tief
mich an Dich verlieren,
bis Du ich bist.

In Deiner Liebe versinken.
So vollkommen
mich an dich verlieren,
bis Tod und Liebe einander berühren.

Delphinliebe III

Sie sind.
Das ist genug.
Sie sind einander nah.

Sie lieben.
Das ist alles.
Einer des anderen „JA".

Es gibt kein „NEIN" in ihrer Welt,
wo keiner gut und böse trennt.

Dort,
wo beides ununterschieden ruht,
dort ist alles gut.

Delphinliebe IV

Ozeanische Gefühle
durchströmen uns.
Vergeistigen sich,
lassen uns in der Erkenntnis versinken
und erleuchten Dich und mich.

Ozeanische Gefühle
überschwemmen uns.
Lösen uns auf,
lassen uns in der Einheit ertrinken
und erlösen uns von unserem Ich.

Wir werden geliebt

In jedem Menschen
schläft tief in seiner Seele
Gott
und träumt von Menschen,
die ihn in sich erwecken.
Wir sind umgeben und durchströmt
vom Licht der universellen Liebe!

Wir werden geliebt!

Unsere Zeit

Unsere Lebenszeit ist Todeszeit.
Innerhalb der Zeit
steht hinter allem Leben
der Tod.

Jede Sekunde gegenwärtiger Tod.

Unsere Lebenszeit ist Todeszeit.
Außerhalb der Zeit
steht hinter allem Tod
nur Leben.

Zeitlos gegenwärtiges Leben.

Verlorenes Paradies

Wir waren Eins,
wurden entzweit in die Welt geworfen.

Wir alle,
Gefangene der Zwei.

Sie ist der Meister des irdischen Lebens,
lehrt uns bleiben und verlassen,
lachen und weinen,
lieben und hassen,
trennen und vereinen.

Wir alle,
Gefangene der Zwei,
suchen die Befreiung in der Drei.

Sie lehrt uns, sehnsüchtig bleiben,
uns über Licht und Dunkel,
nehmen und geben,
lieben und hassen,
Tod und Leben
zu ihr, der zeitlosen, erlösenden Drei
zu erheben.

Sucht ist Suche

Wir suchen
voller Sehnsucht
nach dem verlorenen Paradies.
Wo Freude herrscht,
    Gesundheit,
    Glück und
    Harmonie.

Doch wo wir es auch suchen,
es ist immer woanders,
nie da,
wo wir gerade sind.

Doch irgendwann suchen
wir in unserer eigenen Seele
und fühlen ein inneres Licht,
das uns führt.

Irgendwann

Irgendwann
beginnst Du, das Leuchten,
das in Dir ist, zu sehen
mit inneren Augen.

Irgendwann
beginnst Du, die Musik,
die in Dir klingt, zu hören
mit inneren Ohren.

Irgendwann
beginnst Du, zu ahnen,
wer Du wirklich bist!

Irgendwann
beginnst Du, zu begreifen,
wo Deine wahre Heimat ist!

Astralwesen

Goldenes Licht,
Sonnenlicht,
Engelslicht,
        voll Wärme,
        voll Glanz.

Im goldenen Licht,
so wunderbar,
fühle ich Dich vor mir,
die Sonne im Haar.

Zartes, schimmerndes Wesen
aus schwingendem, lebendigem Licht!

Goldenes Licht,
Gotteslicht,
Engelslicht,
        voll Weisheit,
        voll Kraft.

Im leuchtenden Licht,
so wunderbar,
fließt Du in mich,
die Sonne im Haar.

Wir lächeln einander zu:
Wir beide, wir wissen,
Du warst ich, und ich werde Du.

Für Gerda

Licht

Du bist
jenseits aller Formen
einfach da,
gegenwärtig, ewig.

Du bist
jenseits aller Worte
das tiefste JA,
ewig gegenwärtig.

Du bist
jenseits allen Wissens
voller Weisheit,
voller Liebe.

Du bist
einfach da –
nur um zu sein,
um Dich zu geben.

Du bist das JA,
Du bist die Wahrheit,
Du bist das Leben!

Gott

Gott
ist wie eine Mutter.

Humorvoll,
warm,
zärtlich,
alles verstehend,
alles verzeihend.

Gott ist auch
eine Göttin.

Kristalle

Edle Steine,
Engelsteine,
in Eurem versteinerten Geheimnis
ruht tiefe Weisheit.

Edle Steine,
wissende Steine,
die Kräfte der Engel
schlummern in Euch.

Ihr habt unendliche Geduld.
Die Zeit wird reif,
in der Eure Botschaft erkannt wird.

Auge Gottes

Blau wie der Himmel,
grün wie die Meere,
schwarz wie das All,
braun wie die Erde,
leuchtend wie die Sonne,
umfaßt es die Unendlichkeit mit einem Blick.

Alles erkennend,
bis in die tiefsten Tiefen.

Alles erfassend,
bis in die verborgensten Winkel.

Alles betrachtend,
alles durchdringend,
grenzenlos,
urteilslos.

Aus dem Auge Gottes strahlt
grenzenlose, urteilslose, bedingungslose
Liebe.

Gebet

Ich denke,
weil Du mich gedacht hast und noch denkst.

Ich fühle,
weil Du mich gefühlt hast und noch fühlst.

Und so bin ich,
damit ich Dich in mir erfahre.

Damit ich Dich in mir erkenne.

Damit Dein Licht
in meinem Herzen aufleuchte,
stärker und stärker –
bis ich Licht werde
in Deinem Licht.

Am Anfang II

Am Anfang war das Wort.
Worte begleiten unser Leben.
Worte, die belehren,
Worte, aneinander vorbei,
Worte, die verletzen,
leere Worte, zu viele Worte.

EIN WORT DER LIEBE WIEGT SIE ALLE AUF!

Am Ende Worte.
Worte begleiten unser Sterben.
Bereuende Worte,
verzeihende Worte,
heilende Worte,
heilige Worte,
rätselhafte Worte, magische Worte.

EIN GÖTTLICHES WORT DER LIEBE HEBT UNS HINAUF!